Quantitatives Methoden-Brevier - SPSS

Jens K. Perret

Quantitatives Methoden Brevier – SPSS

Eine problemorientierte Referenz für Marktforscher

Jens K. Perret
ISM
Im Mediapark 5c
50670 Köln

Bibliografische Information der Deutschen Nationalbibliothek

Die Deutsche Nationalbibliothek verzeichnet diese Publikation in der Deutschen Nationalbibliografie; detaillierte bibliografische Daten sind im Internet über dnb.dnb.de abrufbar.

Herstellung und Verlag:
BoD – Books on Demand, Norderstedt
ISBN: 978-3-748-10761-3

MIX
Papier aus verantwortungsvollen Quellen
Paper from responsible sources
FSC® C105338

Vorwort

Das vorliegende Brevier versteht sich als kompaktes Nachschlagewert für den quantitativ arbeitenden Markt- und Meinungsforscher als auch als Referenz für Studierende aus verwandten Bereichen. In letzterer Funktion kann es auch eingesetzt werden um Studierende im Rahmen der Anfertigung einer quantitativen Abschlussarbeit unterstützen.
Methodisch greift es in seiner Breite solche Ansätze der quantiativen Datenanalyse auf wie sie in vertiefenden Master- und MBA-Studiengängen an Universitäten und Fachhochschulen gelehrt werden. Insbesondere entstand die vorliegende Zusammenstellung aus Veranstaltungen zur quantiativen Marktforschung und der angewandten Statistik, die der Autor seit 2015 an mehreren Standorten der International School of Management in Köln unterrichtet.
Dem Brevier liegt das SPSS Softwarepaket von IBM in der Version 23 zugrunde. Es kann allerdings ebenso in Verbindung mit früheren als auch mit den aktuellen Versionen 24 und 25 verwendet werden. Da es sich bei dem vorliegenden Brevier um eine kompakte Darstellung der Themen handelt, wird jeweils nur ein einziger Weg dargestellt das vorliegende Ziel zu erreichen. In machen Fällen können die gleichen Ziele allerdings ebenso gut durch alternative Ansätze erreicht werden. Ebenso stellen die Ansätze die Standardanalyse im jeweils Kontext dar unten gehen nicht auf alle möglichen Sonderfälle ein. Hierfür gibt es eine Reihe nach vertiefender Fachliteratur, die alle Optionen von SPSS ausführlichst diskutiert. Gleiches gilt auch für die unterstützenden Videos, die die einzelnen Abschnitte digital unterstützen.
Sofern nicht anders angegeben finden sich alle genutzten Befehle ab Kapitel 2 im Menu *Analysieren* von SPSS.
In Bezug auf die Interpretation der Ergebnisse ist anzumerken, dass im Rahmen des vorliegenden Werks ein Standard-Signifikanzniveau von 5% angenommen wird. Dieses kann selbstständig an den entsprenden Stellen hinsichtlich einer schwachen Signfikanz von 10% bzw. einer hohen Signifikanz von 1% angepasst werden indem die angegebenen Grenzwerte von 0,05 durch 0,1 (schwach signifikant) bzw. 0,01 (hoch signifikant) ersetzt werden.
Abschließend wünsche ich Ihnen lieber Leser viel Erfolg bei Ihren Forschungsvorhaben und einen möglichst großen Nutzen auf diesem Brevier.

Wuppertal, September 2018 Jens K. Perret

Inhaltsverzeichnis

1 Grundlagen der Datenverwaltung

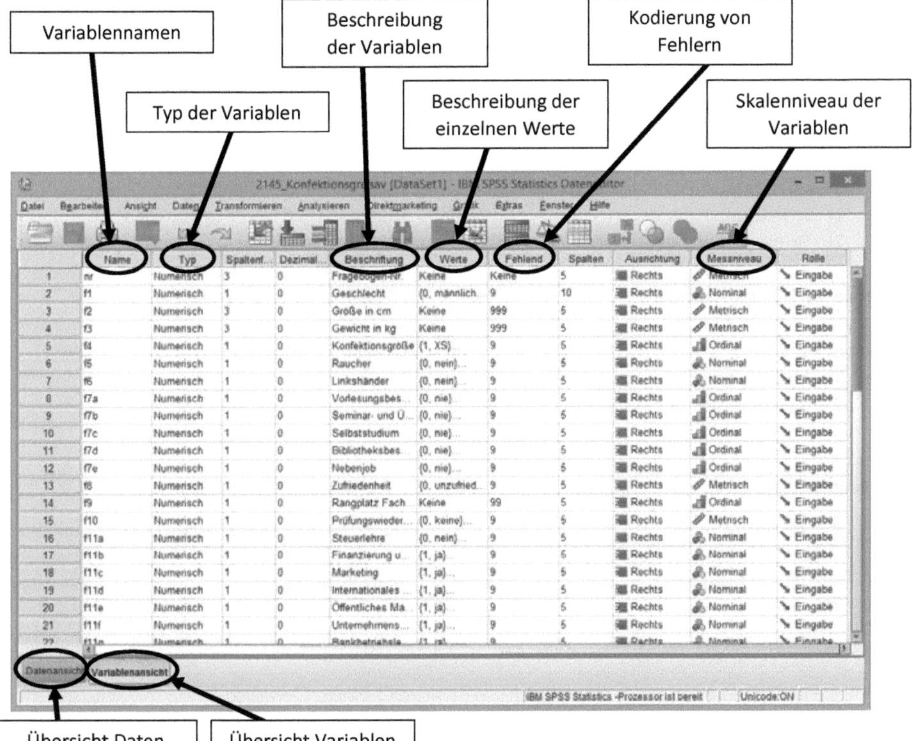

Variablennamen: möglichst kurz, keine Sonderzeichen, Leerzeichen nicht möglich
Empfehlung: Hier einen Bezug zum zugrundeliegenden Fragebogen erstellen

Typ der Variablen: Numerisch – Zahlen, die statistisch ausgewertet werden können
Zeichenfolge – Text für den nur Häufigkeiten berechnet werden können
Empfehlung: Teste bei externen Datenquellen, ob die Daten als numerisch erkannt wurden

Beschriftung: Ausführliche Beschreibung dessen, was die Variable misst
Empfehlung: (Kurzfassung) der Fragen aus dem Fragebogen

Werte Beschriftungen: Was stellen die einzelnen Werte dar
Empfehlung: Alle möglichen Werte kodieren, auch solche, die nicht genutzt wurden

Fehlende Werte: Welche Zahlen werden zur Darstellung von fehlenden Werten verwendet
Empfehlung: Verschiedene Arten von fehlenden Werten (keine Antwort, falsche Antwort, Mehrfachantwort) unterschiedlich kodieren

Skalenniveau: Nominal: Ausprägungen können nur gezählt werden
Ordinal: Ausprägungen können angeordnet werden
Metrisch: Abstände zwischen Ausprägungen können interpretiert werden

Datenansicht: Darstellung der Daten wie in Tabellenkalkulationssoftware (Excel)
Variablenansicht: Eigenschaften der einzelnen Variablen

Nur bestimmte Gruppen analysieren **(Daten / Fälle auswählen)**

1) Fälle mit bestimmten Eigenschaften (Falls Bedingung zutrifft)
   - gleich bzw. ungleich = bzw. ~=
   - logisches und bzw. oder & bzw. |
2) Eine Zufallsstichprobe ziehen (Zufallsstichprobe)
3) Nach der Analyse wieder alle Fälle aktivieren (Alle Fälle)

Mehrere Gruppen auf einmal analysieren **(Daten / Aufgeteilte Datei)**

1) Jede Gruppe einzeln (Ausgabe nach Gruppen aufteilen)
2) Gruppen direkt gegenüber stellen (Gruppen vergleichen)

Neue Variablen berechnen **(Transformieren / Variable berechnen)**

Daten klassieren **(Transf. / Umcodieren in andere Variablen)**

1) Neuen Namen festlegen (Ausgabevariable / Name)
2) Neue Beschriftung festlegen (Ausgabevariable / Beschriftung)
3) Werte erzeugen (Alte und neue Werte)

Mehrfachantworten **(Analysieren / Mehrfachantworten)**

1) Antwortset definieren (Ana. / Mehrf. / Variablensets definieren)
   - Was zählt als angekreuzt? (Variablen codiert als / Gezählter Wert)
   - Set erzeugen (Hinzufügen)
2) Univariate Häufigkeiten (Ana. / Mehrfachantworten / Häufigkeiten)
3) Bivariate Kreuztabellen (Ana. / Mehrfachantworten / Kreuztabellen)

2 Deskriptive Statistik

2.1 Univariate Maßzahlen

Lage- und Streuungsparameter **(Deskriptive Statistiken)**

1) **Lageparameter**
   - Modus (Häufigkeiten / Statistiken / Lagemaße)
     Ist der Modus nicht eindeutig, so gibt SPSS den kleinsten der möglichen Werte aus
   - Median (Häufigkeiten / Statistiken / Lagemaße)
   - Mittelwert (Häufigkeiten / Statistiken / Lagemaße)
   - Perzentile (Häufigkeiten / Statistiken / Perzentile)
2) **Streuungsparameter**
   - Standardabweichung (Häufigkeiten / Statistiken / Streuung)
     SPSS gibt die korrigierte Stichprobenstandardabweichung aus
   - Varianz (Häufigkeiten / Statistiken / Streuung)
     SPSS gibt die korrigierte Stichprobenvarianz aus
3) **Verteilungsparameter**
   - Schiefe (Häufigkeiten / Statistiken / Verteilung)
     Ergebnis < 0 => linksschief / Ergebnis = 0 => symmetrisch / Ergebnis > 0 => rechtsschief
   - Kurtosis (Häufigkeiten / Statistiken / Verteilung)
     Ergebnis > 3 => steilgipfelig / Ergebnis = 3 => normalverteilt / Ergebnis < 3 => flachgipfelig

Statistiken

Alter

N	Gültig	1000
	Fehlend	0
Mittelwert		38,157
Median		37,000
Modalwert		24,0[a]
Standardabweichung		14,1047
Varianz		198,941
Schiefe		,591
Standardfehler der Schiefe		,077
Kurtosis		-,272
Standardfehler der Kurtosis		,155

a. Es sind mehrere Modi vorhanden.
Der kleinste Wert wird angezeigt.

Lage- und Streuungsparameter und Boxplot **(Deskriptive Statistik / Explorative Datenanalyse)**

1) **Lage- und Streuungsmaße** (Automatisch)
2) **Boxplot** (Automatisch)
3) **Stamm-Blatt-Diagramm** (Automatisch)
4) **Ausreißeranalyse** (Statistiken / Ausreißer)

2.2 Kreuztabellen und Korrespondenzanalyse

Kreuz- / Kontingenztabellen **(Deskritive Statistiken / Kreuztabellen)**

1) **Tabellen erstellen** (Automatisch)
2) **Erwartete Häufigkeiten** (Zellen / Erwartet)
3) **Prozentuale Werte** (Zellen / Prozentwerte / Gesamtsumme)

Kreuztabelle Geschlecht*Beziehungsstatus

			Beziehungsstatus				Gesamtsumme
			Ledig	Verheiratet	Geschieden	Verwitwet	
Geschlecht	Male	Anzahl	290	167	4	2	463
		Erwartete Anzahl	[illegible]	175,9	3,7	3,2	463,0
		% des Gesamtergebnisses	29,0%	16,7%	0,4%	0,2%	46,3%
	Female	Anzahl	315	213	4	5	537
		Erwartete Anzahl	324,9	204,1	4,3	3,8	537,0
		% des Gesamtergebnisses	31,5%	21,3%	0,4%	0,5%	53,7%
Gesamtsumme		Anzahl	605	380	8	7	1000
		Erwartete Anzahl	605,0	380,0	8,0	7,0	1000,0
		% des Gesamtergebnisses	60,5%	38,0%	0,8%	0,7%	100,0%

Absolute / tatsächliche Werte

Erwartete Werte

Relative Werte

Korrespondenzanalyse **(Dimensionreduktion / Korrespondenzanalyse)**

1) Zeilen und Spalten definieren (Mindestens drei Merkmale pro Variable)
2) Erzeugen von Zeilen- und Spaltenplots (Diagramme / Zeilenpunkte, Spaltenpunkte)

2.3 Zusammenhangsmaße

Was ist das schwächste Skalenniveau? – Nominal

χ2-Test (Desk. Statistiken / Kreuztabellen / Statistiken / Chi2)
(H_0: Es besteht kein Zusammenhang zwischen den Variablen.)

Kontingenzkoeffizient (Desk. Stat. / Kreuztabellen / Statistiken / Kont.koeff.)
(H_0: Es besteht kein Zusammenhang zwischen den Variablen.)

Cramers V (Desk. Stat. / Kreuztabellen / Statistiken / Phi und Cramer V)
(H_0: Es besteht kein Zusammenhang zwischen den Variablen.)

Chi-Quadrat-Tests

	Wert	df	Asymp. Sig. (zweiseitig)
Pearson-Chi-Quadrat	2,424[a]	3	,489
Likelihood-Quotient	2,463	3	,482
Zusammenhang linear-mit-linear	1,944	1	,163
Anzahl der gültigen Fälle	1000		

a. 4 Zellen (50,0%) haben die erwartete Anzahl von weniger als 5. Die erwartete Mindestanzahl ist 3,24.

Signifikanter Zusammenhang wenn < 0,05

Symmetrische Maße

		Wert	Näherungsweise Signifikanz
Nominal- bzgl. Nominalmaß	Phi	,016	,784
	Cramer-V	,016	,784
	Kontingenzkoeffizient	,016	,784
Anzahl der gültigen Fälle		284	

Signifikanter Zusammenhang wenn < 0,05

Was ist das schwächste Skalenniveau? – Ordinal

Spearmans Rangkorrelationskoeff. (Korrelation / Bivariat / Spearman)

(H_0: Es besteht kein Zusammenhang zwischen den Variablen. Keine Korrelation)

Korrelationen

			Ich liebe es Kleidung zu kaufen.	Alter kategorisiert
Spearman-Rho	Ich liebe es Kleidung zu kaufen.	Korrelationskoeffizient	1,000	,034
		Sig. (2-seitig)	.	,279
		N	1000	1000
	Alter kategorisiert	Korrelationskoeffizient	,034	1,000
		Sig. (2-seitig)	,279	.
		N	1000	1000

Signifikanter Zusammenhang wenn < 0,05

Korrelationen

			Ich liebe es Kleidung zu kaufen.	Alter kategorisiert
Spearman-Rho	Ich liebe es Kleidung zu kaufen.	Korrelationskoeffizient	1,000	,034
		Sig. (2-seitig)	.	,279
		N	1000	1000
	Alter kategorisiert	Korrelationskoeffizient	,034	1,000
		Sig. (2-seitig)	,279	.
		N	1000	1000

Gibt die Stärke des Zusammenhangs an

Was ist das schwächste Skalenniveau? – Metrisch

Pearsons Korrelationskoeffizient (Korrelation / Bivariat / Pearson)

(H_0: Es besteht kein Zusammenhang zwischen den Variablen. Keine Korrelation)

Korrelationen

		Alter	Einkommen
Alter	Pearson-Korrelation	1	,691**
	Sig. (2-seitig)		,000
	N	1000	1000
Einkommen	Pearson-Korrelation	,691**	1
	Sig. (2-seitig)	,000	
	N	1000	1000

**. Korrelation ist bei Niveau 0,01 signifikant (zweiseitig).

Signifikante Korrelationen zeigen ein * (< 0,05) oder zwei ** (< 0,01) an

3 Nichtparametrische Tests und Mittelwerttests

3.1 Nichtparametrische Tests - Verteilungstests

Verteilungstest **(Nicht parametrische Test)**

1) **Soll auf eine bestimmte Verteilung getestet werden?**
   - **Test auf Binomialverteilung** (Alte Dialogfelder / Binomial)
   (H_0: Die Variable ist binomialverteilt.)

< 0,05 => nicht binomialverteilt / > 0,05 => binomialverteilt

Test auf Binomialverteilung

		Kategorie	H	Beobachteter Anteil	Testanteil	Exakte Sig. (2-seitig)
Geschlecht	Gruppe 1	Female	537	,54	,50	,021
	Gruppe 2	Male	463	,46		
	Gesamtsumme		1000	1,00		

   - **Test auf Normalverteilung** (Alte Dialogfelder / K-S bei einer Stichprobe)
   (Komogorov-Smirnow-Test / H_0: Die Variable ist normalverteilt.)

Kolmogorov-Smirnov-Test bei einer Stichprobe

		Alter
H		1000
Parameter der Normalverteilung[a,b]	Mittelwert	38,157
	Standardabweichung	14,1047
Extremste Differenzen	Absolut	,071
	Positiv	,071
	Negativ	-,058
Teststatistik		,071
Asymp. Sig. (2-seitig)		,000[c]

a. Die Testverteilung ist normal.

b. Aus Daten berechnet.

c. Signifikanzkorrektur nach Lilliefors.

< 0,05 => nicht normalverteilt / > 0,05 => normalverteilt

   - **Test auf Gleichverteilung** (Alte Dialogfelder / K-S bei einer Stichprobe)
   (Komogorov-Smirnow-Test / H_0: Die Variable ist gleichverteilt.)

Kolmogorov-Smirnov-Test bei einer Stichprobe

		Alter
H		1000
Parameter der Gleichverteilung[a,b]	Minimum	16,0
	Maximum	78,0
Extremste Differenzen	Absolut	,263
	Positiv	,263
	Negativ	-,007
Kolmogorov-Smirnov-Z		8,313
Asymp. Sig. (2-seitig)		,000

a. Die Testverteilung ist gleichförmig.

b. Aus Daten berechnet.

< 0,05 => nicht gleichverteilt / > 0,05 => gleichverteilt

- **Test auf Exponentialverteilung** (Alte Dialogfelder / K-S bei einer Stichprobe)
  (Komogorov-Smirnow-Test / H_0: Die Variable ist exponentialverteilt.)

Kolmogorov-Smirnov-Test bei einer Stichprobe 3

		Alter
H		1000
Exponentialparameter.[a,b]	Mittelwert	38,157
Extremste Differenzen	Absolut	,351
	Positiv	,137
	Negativ	-,351
Kolmogorov-Smirnov-Z		11,102
Asymp. Sig. (2-seitig)		,000

a. Die Testverteilung ist exponentiell.

b. Aus Daten berechnet.

< 0,05 => nicht exponentialverteilt /
> 0,05 => exponentialverteilt

2) Soll auf eine vorgegebene Verteilung getestet werden?

- **Anpassungstest** (Alte Dialogfelder / Chi-Quadrat)
  (H_0: Die Variable weist die gegebene Verteilung auf.)

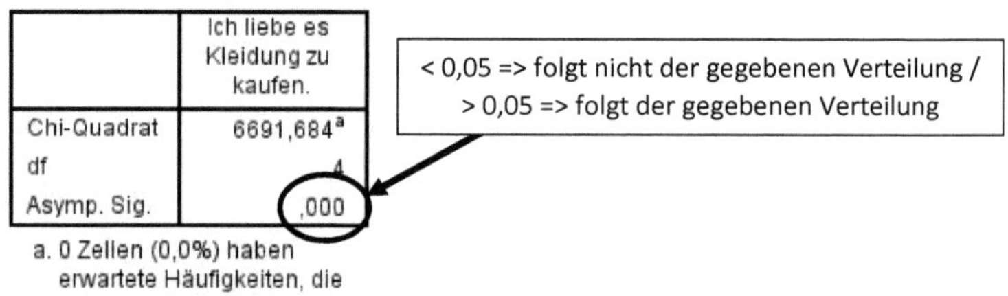

Teststatistiken

	Ich liebe es Kleidung zu kaufen.
Chi-Quadrat	6691,684[a]
df	4
Asymp. Sig.	,000

a. 0 Zellen (0,0%) haben erwartete Häufigkeiten, die kleiner als 5 sind. Die kleinste erwartete Zellenhäufigkeit ist 10,0.

< 0,05 => folgt nicht der gegebenen Verteilung /
> 0,05 => folgt der gegebenen Verteilung

3) Sollen zwei Variablen auf eine gemeinsame Verteilung hin getestet werden?

- **Homogenitätstest** (Unabhängige Verteilungen)
  (H_0: Die Variablen weisen die gleiche Verteilung auf.)

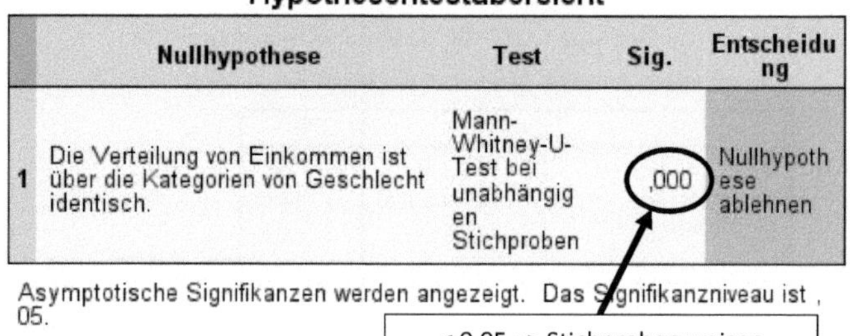

Hypothesentestübersicht

	Nullhypothese	Test	Sig.	Entscheidung
1	Die Verteilung von Einkommen ist über die Kategorien von Geschlecht identisch.	Mann-Whitney-U-Test bei unabhängigen Stichproben	,000	Nullhypothese ablehnen

Asymptotische Signifikanzen werden angezeigt. Das Signifikanzniveau ist ,05.

< 0,05 => Stichproben weisen unterschiedliche Verteilungen auf /
> 0,05 => Stichproben weisen die gleiche Verteilung auf

3.2 Ungleichheitstests

3.2.1 Nominales Skalenniveau (Nichtparametrisch)

1) **Eine Stichprobe / eine Variable liegt vor.**
   - Erwartete Werte Berechnen (Nicht automatisch/ z.B. in Excel)
   - **χ2-Test** (Alte Dialogfelder / Chi-Quadrat)

   (H_0: Die Variable weist die gegebene Verteilung auf.)

Teststatistiken

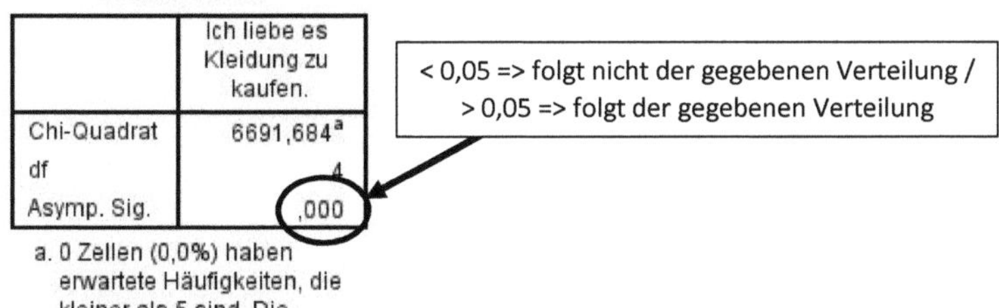

	Ich liebe es Kleidung zu kaufen.
Chi-Quadrat	6691,684[a]
df	4
Asymp. Sig.	,000

a. 0 Zellen (0,0%) haben erwartete Häufigkeiten, die kleiner als 5 sind. Die kleinste erwartete Zellenhäufigkeit ist 10,0.

2) **Eine Stichprobe mit zwei abhängigen/gepaarten Datenreihen liegt vor.**
   - **McNemar-Test** (dichotom) (Alte Dialogfelder / Zwei verbundene Stichproben)

   (H_0: Die Variablen weisen die gleiche Verteilung auf.)

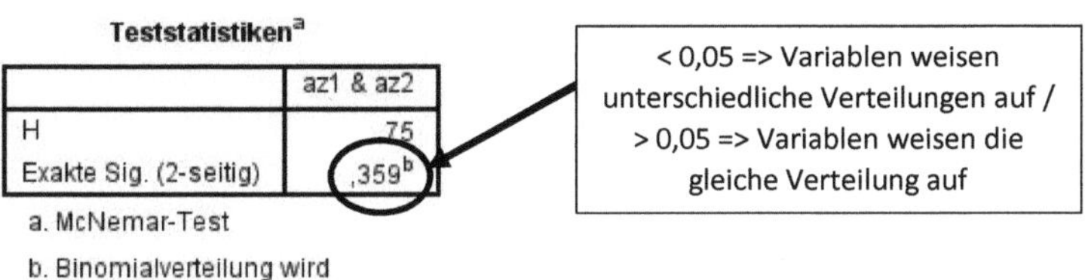
Teststatistiken[a]

	az1 & az2
H	75
Exakte Sig. (2-seitig)	,359[b]

a. McNemar-Test

b. Binomialverteilung wird verwendet.

3) **Eine Stichprobe mit mehr als zwei abhängigen/gepaarten Datenreihen liegt vor.**
   - **Cochran-Q-Test** (dichotom) (Alte Dialogfelder / K verbundene Stichproben)

   (H_0: Die Variablen weisen die gleiche Verteilung auf.)

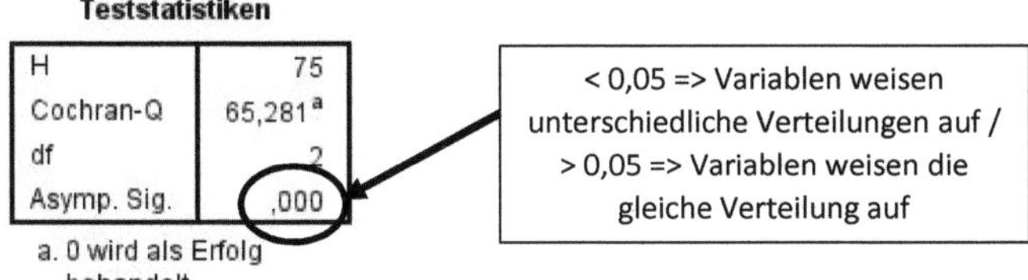
Teststatistiken

H	75
Cochran-Q	65,281[a]
df	2
Asymp. Sig.	,000

a. 0 wird als Erfolg behandelt.

4) Zwei oder mehr unabhängige Stichproben liegen vor.

- **χ2-Test** (Desk. Statistiken / Kreuztabellen / Statistiken / Chi2)

  (H_0: Es besteht kein Zusammenhang zwischen den Variablen.)

Chi-Quadrat-Tests

	Wert	df	Asymp. Sig. (zweiseitig)
Pearson-Chi-Quadrat	2,424[a]	3	,489
Likelihood-Quotient	2,463	3	,482
Zusammenhang linear-mit-linear	1,944	1	,163
Anzahl der gültigen Fälle	1000		

a. 4 Zellen (50,0%) haben die erwartete Anzahl von weniger als 5. Die erwartete Mindestanzahl ist 3,24.

Signifikanter Zusammenhang wenn < 0,05

3.2.2 Ordinales Skalenniveau (Nichtparametrisch)

Was ist das schwächste Skalenniveau? – Ordinal

1) **Eine Stichprobe mit zwei abhängigen Datenreihen liegt vor.**
   - **Wilcoxon-Test** (Alte Dialogfelder / Zwei verbundene Stichproben)

     (H_0: Die Variablen weisen die gleiche Verteilung auf.)

Teststatistiken[a]

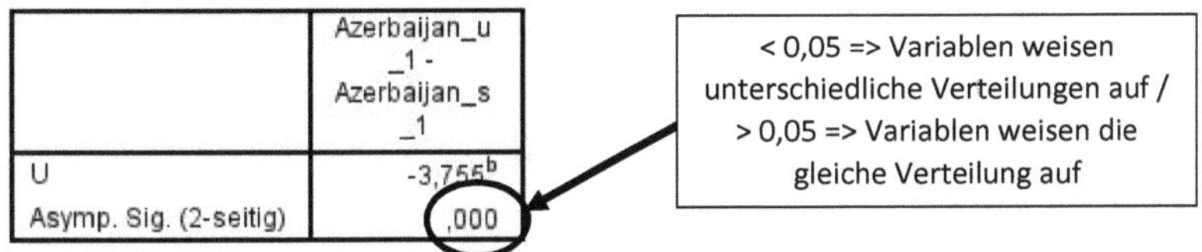

	Azerbaijan_u_1 - Azerbaijan_s_1
U	-3,755[b]
Asymp. Sig. (2-seitig)	,000

a. Wilcoxon-Test

b. Basierend auf positiven Rängen.

   - **Vorzeichen-Test** (Alte Dialogfelder / Zwei verbundene Stichproben)

     (H_0: Die Variablen weisen die gleiche Verteilung auf.)

Teststatistiken[a]

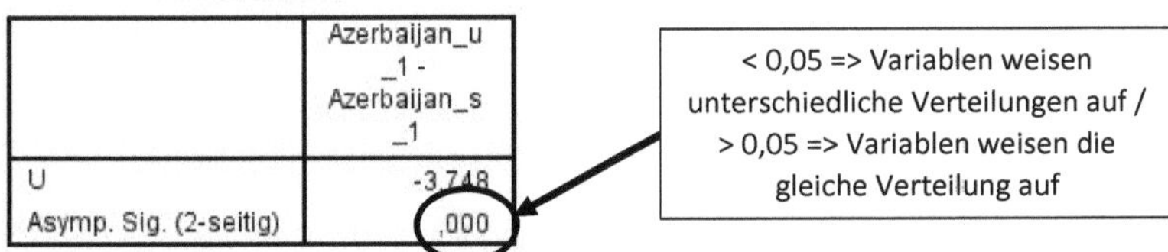

	Azerbaijan_u_1 - Azerbaijan_s_1
U	-3,748
Asymp. Sig. (2-seitig)	,000

a. Vorzeichentest

2) **Eine Stichprobe mit mehr als zwei abhängigen Datenreihen liegt vor.**
   - **Kendall-W-Test** (Alte Dialogfelder / K verbundene Stichproben)

     (H_0: Die Variablen weisen die gleiche Verteilung auf.)

Teststatistiken

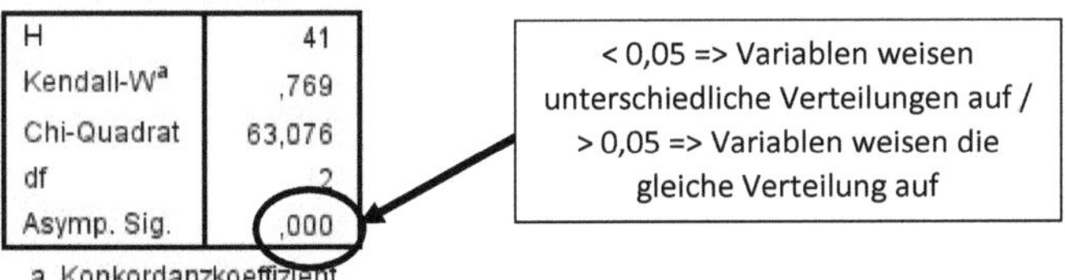

H	41
Kendall-W[a]	,769
Chi-Quadrat	63,076
df	2
Asymp. Sig.	,000

a. Konkordanzkoeffizient nach Kendall

3) Zwei unabhängige Stichproben liegen vor.

- **Whitney-U-Test** (Alte Dialogfelder / 2 unverbundene Stichproben)

  (H_0: Die Stichproben weisen die gleiche Verteilung auf.)

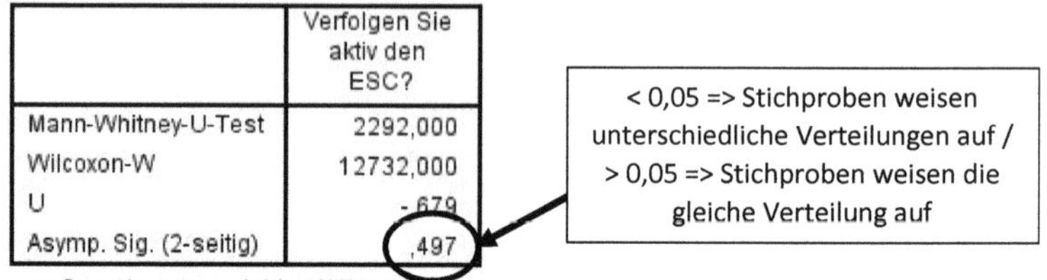

Teststatistiken[a]

	Verfolgen Sie aktiv den ESC?
Mann-Whitney-U-Test	2292,000
Wilcoxon-W	12732,000
U	-,679
Asymp. Sig. (2-seitig)	,497

a. Gruppierungsvariable: Wählen Sie Ihr Geschlecht aus.

4) Mehr als zwei unabhängige Stichproben liegen vor.

- **Kruskal-Wallis-Test** (Alte Dialogfelder / K unverbundene Stichproben)

  (H_0: Die Stichproben weisen die gleiche Verteilung auf.)

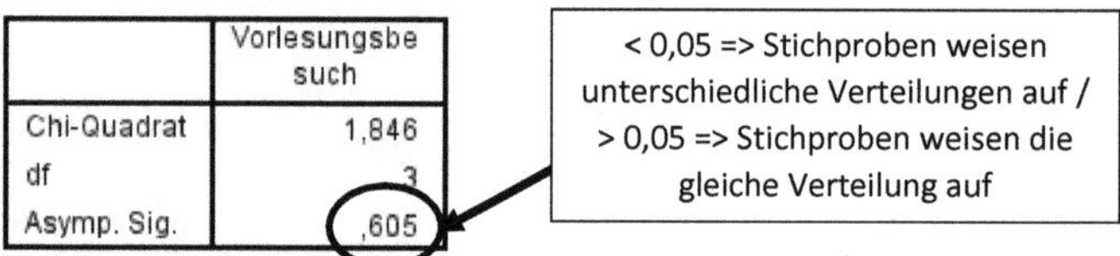

Teststatistiken[a,b]

	Vorlesungsbe such
Chi-Quadrat	1,846
df	3
Asymp. Sig.	,605

a. Kruskal-Wallis-Test

b. Gruppierungsvariable: Konfektionsgröße

3.2.3 Metrisches Skalenniveau (Mittelwerttest)

Was ist das schwächste Skalenniveau? – Metrisch

Mittelwerttest (t-Test) **(Mittelwerte vergleichen)**

1) **Vergleich einer Variablen mit vorgegebenem Wert**
   - Testwert festlegen (t-Test bei einer Stichprobe / Testwert)
     (H_0: μ = Testwert)

Test bei einer Stichprobe

	Testwert = 1500					
					95% Konfidenzintervall der Differenz	
	t	df	Sig. (2-seitig)	Mittelwertdifferenz	Unterer	Oberer
Einkommen	6,881	999	,000	73,600	52,61	94,59

< 0,05 => signifikante Abweichung vom Testwert /
> 0,05 => keine Abweichung vom Testwert

2) **Vergleich zweier Gruppen** (t-Test bei unabhängigen Stichproben)
   (H_0: $\mu_1 = \mu_2$)

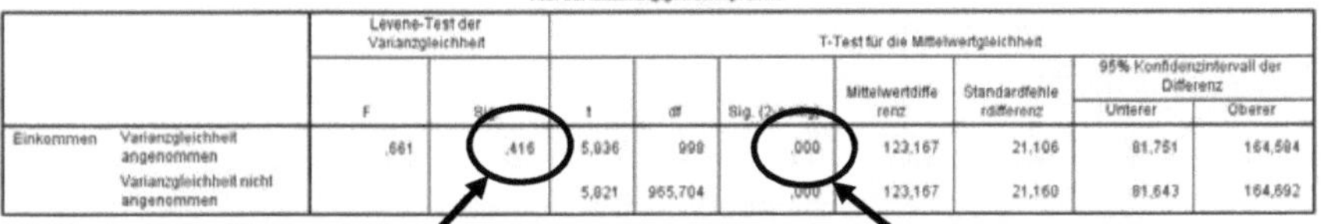

Test bei unabhängigen Stichproben

		Levene-Test der Varianzgleichheit		T-Test für die Mittelwertgleichheit						
									95% Konfidenzintervall der Differenz	
		F	Sig.	t	df	Sig. (2-seitig)	Mittelwertdifferenz	Standardfehlerdifferenz	Unterer	Oberer
Einkommen	Varianzgleichheit angenommen	,661	,416	5,836	998	,000	123,167	21,106	81,751	164,584
	Varianzgleichheit nicht angenommen			5,821	965,704	,000	123,167	21,160	81,643	164,692

< 0,05 => Varianzungleichheit (2. Zeile) /
> 0,05 => Varianzgleichheit (1. Zeile)

< 0,05 => verschiedene Mittelwerte /
> 0,05 => identische Mittelwerte

3) **Vergleich zwei Zeitpunkte / gleiche Gruppe** (t-Test bei verbundenen Stichproben)
   (H_0: $\mu_1 = \mu_2$)

Test für Stichproben mit paarigen Werten

		Paarige Differenzen							
					95% Konfidenzintervall der Differenz				
		Mittelwert	Standardabweichung	Standardfehler Mittelwert	Unterer	Oberer	t	df	Sig. (2-seitig)
Paar 1	Zufriedenheit vor dem Essen - Zufriedenheit nach dem Essen	-,07692	1,84669	,51218	-1,19287	1,03902	-,150	12	,883

< 0,05 => signifikanter Unterschied zwischen den beiden Zeitpunkten /
> 0,05 => kein signifikanter Unterschied zwischen den beiden Zeitpunkten

4 Varianzanalyse

4.1 Univariate Varianzanalyse

1) **Wonach soll gruppiert werden? Welches ist die Gruppierungsvariable?**
2) **Wie viele Faktoren liegen vor?**
   - 1 dann Einfaktorielle Varianzanalyse
   - > 1 dann Mehrfaktorielle Varianzanalyse

Univariate Varianzanalyse – 1 Faktor **(Mittelwerte vergleichen / Einfak. Varianzanalyse)**

1) **Test auf Varianzgleichheit in den Gruppen**
   - **Levene Test** (Optionen / Test auf Homogenität der Varianzen)

     (H_0: $\sigma^2_1 = \sigma^2_2$)

Varianzhomogenitätstest

Einkommen

Levene-Statistik	df1	df2	Sig.
,593	3	996	,620

< 0,05 => Varianzungleichheit /
> 0,05 => Varianzgleichheit

2) **Varianzzerlegung**
   - **F-Test** (Automatisch)

     (H_0: $\sigma^2_B \leq \sigma^2_W$)

ANOVA

Einkommen

	Quadratsumme	df	Mittel der Quadrate	F	Sig.
Zwischen Gruppen	13657654,43	3	4552551,476	45,053	,000
Innerhalb der Gruppen	100645385,6	996	101049,584		
Gesamtsumme	114303040,0	999			

< 0,05 => signifikante Unterschiede zwischen den Gruppen /
> 0,05 => keine Unterschiede zwischen den Gruppen

3) Paarvergleiche (mindestens drei Gruppen)

- **Scheffé Test** (Post-Hoc / Scheffé)

  (H_0: $\mu_1 = \mu_2$)

< 0,05 => signifikante Unterschiede zwischen den jeweiligen Gruppen / > 0,05 => keine Unterschiede zwischen den jeweiligen Gruppen

Abhängige Variable: Einkommen
Scheffé

(I) Beziehungsstatus	(J) Beziehungsstatus	Mittelwertdifferenz (I-J)	Standardfehler	Sig.	95 % Konfidenzintervall	
					Untergrenze	Obergrenze
Ledig	Verheiratet	-240,422*	20,807	,000	-298,69	-182,16
	Geschieden	-168,843	113,129	,527	-485,64	147,95
	Verwitwet	38,300	120,842	,992	-300,09	376,69
Verheiratet	Ledig	240,422*	20,807	,000	182,16	298,69
	Geschieden	71,579	113,565	,941	-246,44	389,59
	Verwitwet	278,722	121,250	,153	-60,81	618,25
Geschieden	Ledig	168,843	113,129	,527	-147,95	485,64
	Verheiratet	-71,579	113,565	,941	-389,59	246,44
	Verwitwet	207,143	164,520	,663	-253,56	667,84
Verwitwet	Ledig	-38,300	120,842	,992	-376,69	300,09
	Verheiratet	-278,722	121,250	,153	-618,25	60,81
	Geschieden	-207,143	164,520	,663	-667,84	253,56

*. die Mittelwertdifferenz ist auf der Stufe 0.05 signifikant.

4) Gruppierung (mindestens drei Gruppen)

- **Scheffé Test** (Post-Hoc / Scheffé)

Einkommen

Scheffé[a,b]

Beziehungsstatus	H	Subset für Alpha = 0.05
		1
Verwitwet	7	1442,86
Ledig	605	1481,16
Geschieden	8	1650,00
Verheiratet	380	1721,58
Sig.		,131

Mittelwerte für Gruppen in homogenen Subsets werden angezeigt.

a. Verwendet harmonischen Mittelwert des Stichprobenumfangs = 14,698.

b. Die Gruppengrößen sind nicht identisch. Das harmonische Mittel der Gruppengrößen wird verwendet. Typ-I-Fehler-Ebenen werden nicht garantiert.

< 0,05 => Subset ist homogen / > 0,05 => Subset ist heterogen

4.2 Univariate Varianzanalyse Mehrfaktoriell

Univariate Varianzanalyse Mehrfaktoriell **(Allgemeines lineares Modell / Univariat)**

1) **Test auf Varianzgleichheit in den Gruppen**
   - **Levene Test** (Optionen / Homogenitätstests)

     (H_0: $\sigma^2_1 = \sigma^2_2$)

Levene-Test auf Gleichheit der Fehlervarianzen[a]

Abhängige Variable: Einkommen

F	df1	df2	Sig.
1,567	9	990	,120

Testet die Nullhypothese, dass die Fehlervarianz der abhängigen Variablen über Gruppen hinweg gleich ist.

a. Design: Konstanter Term + Q01 + Alter_kat + Q01 * Alter_kat

< 0,05 => Varianzgleichheit /
> 0,05 => Varianzungleichheit

2) **Varianzzerlegung**
   - **F-Test** (Automatisch)

     (H_0: $\sigma^2_B \leq \sigma^2_W$)
   - **Kreuzeffekte** (Automatisch)

     (H_0: $\sigma^2_B \leq \sigma^2_W$)

Tests der Zwischensubjekteffekte

< 0,05 => direkte Effekte sind signifikant /
> 0,05 => direkte Effekte sind insignifikant

Abhängige Variable: Einkommen

Quelle	Typ III Quadratsumme	df	Quadratischer Mittelwert	F	Sig.
Korrigiertes Modell	54391161,0[a]	9	6043462,329	99,864	,000
Konstanter Term	1539803620	1	1539803620	25444,129	,000
Q01	1935715,197	1	1935715,197	31,986	,000
Alter_kat	50505434,04	4	12626358,51	208,641	,000
Q01 * Alter_kat	318306,478	4	79576,620	1,315	,262
Fehler	59911879,04	990	60517,050		
Gesamtsumme	2590520000	1000			
Korrigierter Gesamtwert	114303040,0	999			

a. R-Quadrat = ,476 (Angepasstes R-Quadrat = ,471)

< 0,05 => Interaktionseffekt ist signifikant /
> 0,05 => Interaktionseffekt ist insignifikant

3) Hauptwirkungen und Wechselwirkungen untersuchen

- **Effektlinien** zeichnen (alle Kombinationen) — (Diagramme)
- Effektlinien interpretieren -> — Wechselwirkung immer interpretierbar
  Linien schneiden sich nicht -> — Einzelwirkung (separate Linien) interpretierbar
  Linien schneiden sich -> — Einzelwirkung (separate Linien) nicht interpretierbar

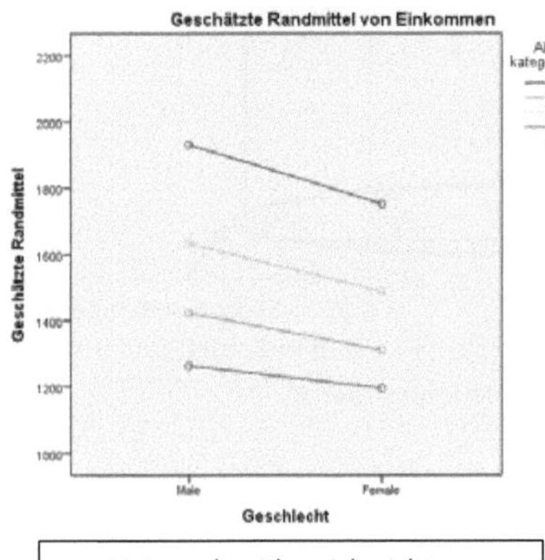

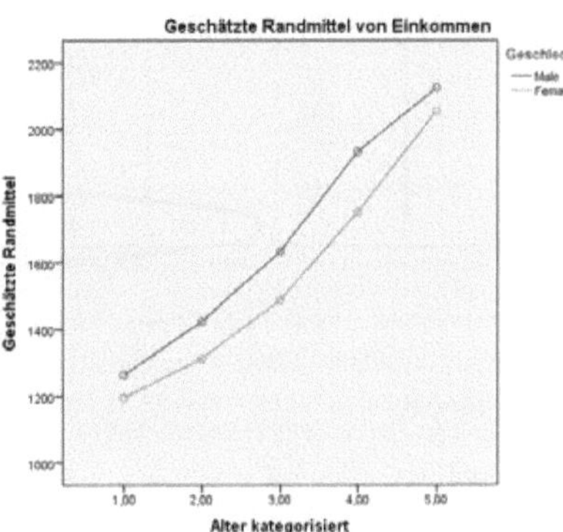

Linien schneiden sich nicht =>
Alter ist interpretierbar

Linien schneiden sich nicht =>
Geschlecht ist interpretierbar

4) Paarvergleiche (mindestens drei Gruppen)

- **Scheffé Test** — (Post-Hoc / Scheffé)
  (H_0: $\mu_1 = \mu_2$)

< 0,05 => signifikante Unterschiede zwischen den jeweiligen Gruppen /
> 0,05 => keine Unterschiede zwischen den jeweiligen Gruppen

Abhängige Variable: Einkommen
Scheffé

(I) Alter kategorisiert	(J) Alter kategorisiert	Mittelwertdifferenz (I-J)	Standardfehler	Sig.	95 % Konfi[illegible]nzintervall	
					Unterg[illegible]nze	Obergr[illegible]nze
1,00	2,00	-141,70*	30,307	,000	-235,23	-[illegible]8,17
	3,00	-326,55*	28,367	,000	-414,10	[illegible]239,01
	4,00	-602,83*	30,065	,000	-695,61	-510,04
	5,00	-862,91*	43,425	,000	-996,93	-728,90
2,00	1,00	141,70*	30,307	,000	48,17	235,23
	3,00	-184,85*	20,537	,000	-248,23	-121,47
	4,00	-461,12*	22,825	,000	-531,56	-390,68
	5,00	-721,21*	38,766	,000	-840,8[illegible]	-601,58
3,00	1,00	326,55*	28,367	,000	239[illegible]01	414,10
	2,00	184,85*	20,537	,000	1[illegible],47	248,23
	4,00	-276,27*	20,179	,000	-[illegible]38,55	-214,00
	5,00	-536,36*	37,270	,000	[illegible]651,38	-421,34
4,00	1,00	602,83*	30,065	,000	510,04	695,61
	2,00	461,12*	22,825	,000	390,68	531,56
	3,00	276,27*	20,179	,000	214,00	338,55
	5,00	-260,09*	38,578	,000	-379,14	-141,04
5,00	1,00	862,91*	43,425	,000	728,90	996,93
	2,00	721,21*	38,766	,000	601,58	840,85
	3,00	536,36*	37,270	,000	421,34	651,38
	4,00	260,09*	38,578	,000	141,04	379,14

Basierend auf beobachteten Mittelwerten.
Der Fehlerterm ist Mittel der Quadrate(Fehler) = 60517,050.
*. die Mittelwertdifferenz ist auf der Stufe ,05 signifikant.

5) Gruppierung (mindestens drei Gruppen)

- **Scheffé Test** (Post-Hoc / Scheffé)

Einkommen

Scheffé[a,b,c]

Alter kategorisiert	H	Subset				
		1	2	3	4	5
1,00	93	1226,88				
2,00	226		1368,58			
3,00	393			1553,44		
4,00	239				1829,71	
5,00	49					2089,80
Sig.		1,000	1,000	1,000	1,000	1,000

Mittelwerte für Gruppen in homogenen Subsets werden angezeigt.
Basierend auf beobachteten Mittelwerten.
Der Fehlerterm ist Mittel der Quadrate(Fehler) = 60517,050.

a. Verwendet harmonischen Mittelwert des Stichprobenumfangs = 118,163.

b. Die Gruppengrößen sind nicht identisch. Das harmonische Mittel der Gruppengrößen wird verwendet. Für Typ-I-Fehler-Ebenen wird keine Garantie gegeben.

c. Alpha = ,05.

< 0,05 => Subsets sind heterogen /
> 0,05 => Subsets sind homogen

5 Regression und Prognose

5.1 Lineare Regression

Lineare Regression **(Regression / Linear)**

1) **Signifikanz der Koeffizienten**
   - **t-Test** (Automatisch)
     (H_0: $b_i = 0$)

< 0,05 => Koeffizient ist von Null verschieden / > 0,05 => Koeffizient kann auch Null sein

Koeffizienten[a]

Modell		Nicht standardisierte Koeffizienten		Standardisierte Koeffizienten	t	Sig.	Kollinearitätsstatistik	
		B	Standardfehler	Beta			Toleranz	VIF
1	(Konstante)	1009,280	22,780		44,306	,000		
	Alter	16,675	,528	,695	31,558	,000	,999	1,001
	Geschlecht	-134,012	14,940	-,198	-8,970	,000	,999	1,001

a. Abhängige Variable: Einkommen

(Absolute) Größe bestimmt die Bedeutung der jeweiligen Variablen

< 10 /(2) => Kein Problem mit Multikollinearität / > 10 (2) => Multikollinearität liegt vor

2) **Qualität der gesamten Schätzung**
   - **R^2 oder korrigiertes R^2** (Automatisch)
     (möglichst groß, nahe bei 1)

= 2 => kein Problem mit Autokorrelation / stark > 2 / < 2 => Autokorrelation liegt vor

Modellübersicht[b]

Modell	R	R-Quadrat	Angepasstes R-Quadrat	Standardfehler der Schätzung	Durbin-Watson
1	,718[a]	,516	,515	235,505	2,037

a. Prädiktoren: (Konstante), Geschlecht, Alter

b. Abhängige Variable: Einkommen

Anteil der Varianz der abhängigen Variablen, der durch die Gerade erklärt wird Möglichst groß und nah bei 1

Bereinigt um die Anzahl der verwendeten Variablen

   - **F-Test** (Automatisch)
     (H_0: $b_1 = ... = b_n = 0$ / H_0: $\sigma^2_{Regression} \geq \sigma^2_{Residuum}$)

ANOVA[a]

Modell		Quadratsumme	df	Mittel der Quadrate	F	Sig.
1	Regression	59006785,80	2	29503392,90	531,951	,000[b]
	Residuum	55296254,20	997	55462,642		
	Gesamtsumme	114303040,0	999			

a. Abhängige Variable: Einkommen

b. Prädiktoren: (Konstante), Geschlecht, Alter

Kann im Vergleich von zwei Modellen herangezogen werden. Größer = besser

< 0,05 => Modell besitzt signifikanten Erklärungsgehalt / > 0,05 => Modell besitzt keinen Erklärungsgehalt

3) **Weitere Qualitätsindikatoren**
   - **Autokorrelation -> Durbin Watson** (Statistiken / Durbin-Watson)
     (möglichst nahe bei 2)
   - **Multikollinearität -> VIF** (Statistiken / Kollinearitätsdiagnose)
     (Kleiner als 10, nahe bei 1)
4) **Bedeutungsreihenfolge der Variablen**
   - **Beta-Koeffizienten** (Automatisch)
     (Je größer umso höher die Bedeutung)
5) **Modell anpassen**
6) **Modell formulieren und interpretieren**

Nichtlineare Regression (Regression / Kurvenanpassung)
Modellwahl (Modelle)

Modellübersicht und Parameterschätzungen

Abhängige Variable: Gewicht in kg

	Modellübersicht					Parameterschätzungen			
Gleichung	R-Quadrat	F	df1	df2	Sig.	Konstante	b1	b2	b3
Linear	,482	262,458	1	282	,000	-97,866	,943		
Quadratisch	,483	131,456	2	281	,000	-241,778	2,583	-,005	
Kubisch	,484	131,528	2	281	,000	-199,113	1,808	,000	-9,295E-6
S	,516	300,429	1	282	,000	6,684	-434,993		

Die unabhängige Variable ist Größe in cm.

Möglichst groß und nah bei 1

< 0,05 => Modell besitzt signifikanten Erklärungsgehalt /
> 0,05 => Modell besitzt keinen Erklärungsgehalt

Möglichst groß

5.2 Zeitreihen

Zeitreihenanalyse und Prognose

1) Saisonalität festlegen (Daten / Datum definieren)
   - Zutreffendes Datumsformat wählen
   - Anfangsperiode festlegen
2) Saisonalität festlegen (Analysieren / Vorhersage / Saisonale Zerlegung)
   - Zeitreihenvariable festlegen
   - Modelltyp auswählen
3) Modelltyp festlegen (Analysieren / Vorhersage / Traditionelle Modelle erstellen)

   Methode wählen:

   Exponentielles Glätten

   - Variante wählen (Variablen / Kriterien / Modelltyp)

   ARIMA

   - Variante wählen (Variablen / Kriterien / ARIMA-Ordnungen)
4) Zusätzliche Ausgaben festlegen
   - **Autokorrelationsfunktion** anzeigen(Analysieren / Vorhersage / Autokorrelationen)
   - Ausgangsdaten anzeigen (Automatisch)
   - Schätzwerte anzeigen (Diagramme / Anpassungswerte)
   - Prognosewerte anzeigen (Automatisch)
   - Konfidenzintervalle Prognosen (Diagramme / Konf. Intervalle für Vorhersagen)
5) Prognoseintervall festlegen
   - Festlegen der Endperiode (Optionen / Vorhersageperiode)
6) Modell Speichern

   Dateiname festlegen (Speichern / Modelldatei exportieren)

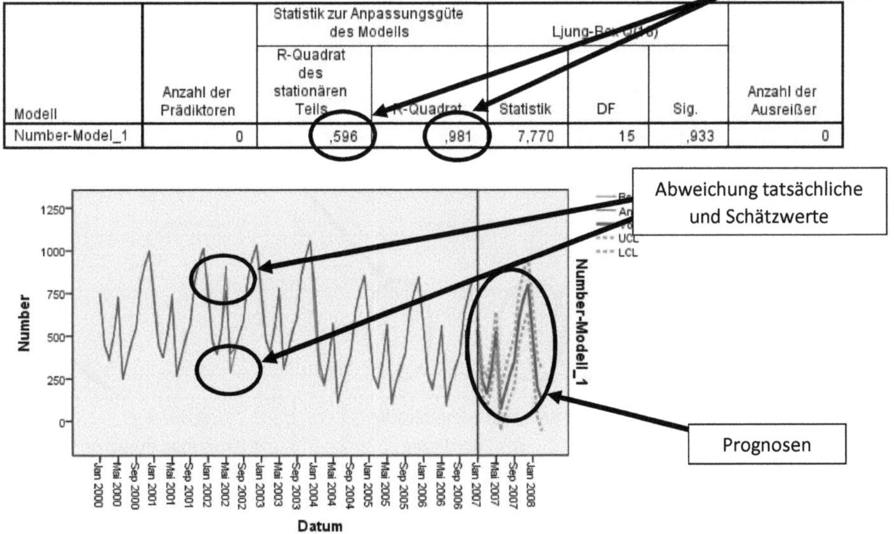

Modellstatistik

Modell	Anzahl der Prädiktoren	Statistik zur Anpassungsgüte des Modells		Ljung-Box Q(18)			Anzahl der Ausreißer
		R-Quadrat des stationären Teils	R-Quadrat	Statistik	DF	Sig.	
Number-Model_1	0	,596	,981	7,770	15	,933	0

6 Diskriminanzanalyse

Diskriminanzanalyse **(Klassifizieren / Diskriminanzanalyse)**

1) **Wonach soll gruppiert werden? Welches ist die Gruppierungsvariable?**
2) **Qualität der Analyse**
   - **Eigenwert** (Automatisch)
     (Möglichst groß, nahe bei 1)
   - **Wilk's Lambda** (Automatisch)
     (Möglichst klein, nahe bei 0 / H_0: Wilks $\lambda = 0$)
   - **Kan. Korrelationskoeffizient** (Automatisch)
   - (Möglichst groß, nahe bei 1)

Möglichst groß und nahe bei 1

Eigenwerte

Funktion	Eigenwert	% der Varianz	Kumulativ %	Kanonische Korrelation
1	,081[a]	100,0	100,0	,274

a. Erste 1 kanonische Diskriminanzfunktionen wurden in der Analyse verwendet.

Möglichst groß

Möglichst klein und nahe bei 0

Wilks-Lambda

Getestete Funktion(en)	Wilks-Lambda	Chi-Quadrat	df	Sig.
1	,925	77,911	2	,000

> 0,05 => Daten sind nicht geeignet/
≤ 0,05 => Daten sind für Diskriminanzanalyse geeignet

3) **Diskriminanzfunktionen schätzen**
4) **Bedeutung einzelner Variablen herausstellen**
   - **Standardisierte Koeffizienten** (Automatisch)
     (Je größer umso höher die Bedeutung)
5) Klassifikationsfunktionen schätzen
6) **Fälle klassifizieren** (Klassifizieren / Zusammenfassungtabelle)
   - Fehlereinordnung und Bewerten

Wahrscheinlichkeit, dass die zugeordnete Gruppe korrekt ist

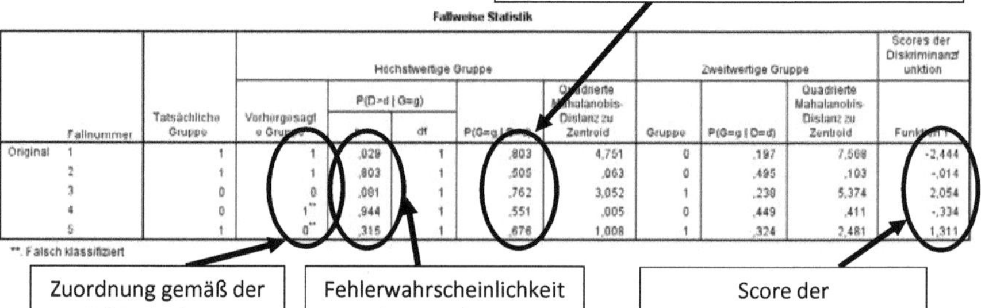

Fallweise Statistik

	Fallnummer	Tatsächliche Gruppe	Höchstwertige Gruppe: Vorhergesagte Gruppe	P(D>d | G=g): p	P(D>d | G=g): df	P(G=g | D=d)	Quadrierte Mahalanobis-Distanz zu Zentroid	Zweitwertige Gruppe: Gruppe	P(G=g | D=d)	Quadrierte Mahalanobis-Distanz zu Zentroid	Scores der Diskriminanzfunktion: Funktion 1
Original	1	1	1	,029	1	,803	4,751	0	,197	7,568	-2,444
	2	1	1	,803	1	,505	,063	0	,495	,103	-,014
	3	0	0	,081	1	,762	3,052	1	,238	5,374	2,054
	4	0	1**	,944	1	,551	,005	0	,449	,411	-,334
	5	1	0**	,315	1	,676	1,008	1	,324	2,481	1,311

**. Falsch klassifiziert

Klassifikationsergebnisse[a]

		Geschlecht	Vorhergesagte Gruppenzugehörigkeit: Male	Vorhergesagte Gruppenzugehörigkeit: Female	Gesamtsumme
Original	Anzahl	Male	289	174	463
		Female	216	321	537
	%	Male	62,4	37,6	100,0
		Female	40,2	59,8	100,0

a. 61,0% der ursprünglichen gruppierten Fälle ordnungsgemäß klassifiziert.

Qualität der Zuordnung
Referenz ist 1/Gruppenanzahl

7 Explorative Faktorenanalyse

Faktorenanalyse **(Dimensionsreduktion / Faktorenanalyse)**

1) **Qualität der Faktorenanalyse**
   - **Kommunalitäten** (Automatisch)
     (Mindestens 0,5)

Kommunalitäten

	Anfänglich	Extraktion
Wenn ich von einen neuen Kleidungsstil erfahre bin ich direkt daran interessiert ihn auszuprobieren.	1,000	,601
Ich liebe es Kleidung zu kaufen.	1,000	,622
Ich liebe es Kleidung von neuen Designern und Marken zu kaufen.	1,000	,526
Ich kenne neue Designer und Marken früher als andere.	1,000	,601

Extraktionsmethode: Analyse der Hauptkomponente.

Anteil der Streuung der Variablen, der durch die gebildeten Faktoren erklärt wird.

   - **KMO- / Bartlett Test** (Deskriptive Statistik / KMO und Bartlett Test)
     (Mindestens 0,5 / H_0: Kommunalität$_1$ = Kommunalität$_2$ = ... = Kommunalität$_n$ = 0)

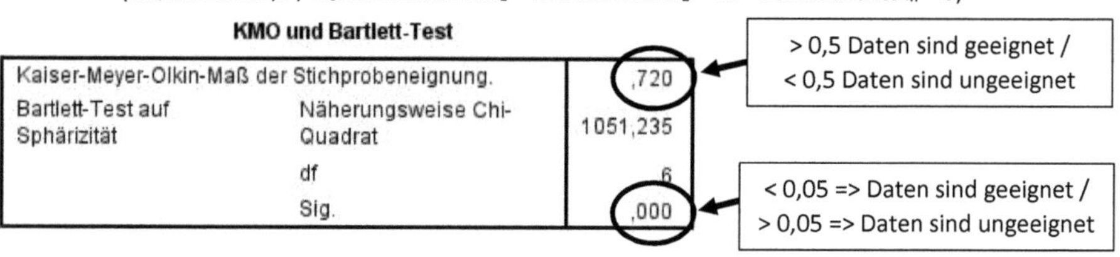

KMO und Bartlett-Test

Kaiser-Meyer-Olkin-Maß der Stichprobeneignung.		,720
Bartlett-Test auf Sphärizität	Näherungsweise Chi-Quadrat	1051,235
	df	6
	Sig.	,000

> 0,5 Daten sind geeignet / < 0,5 Daten sind ungeeignet

< 0,05 => Daten sind geeignet / > 0,05 => Daten sind ungeeignet

2) **Anzahl der Faktoren**
   - **Kaiserkriterium** (Automatisch)
     (Anzahl Faktoren = Anzahl Eigenwerte größer 1)

Erklärte Gesamtvarianz

Komponente	Anfängliche Eigenwerte			Extrahierte Summen von quadrierten Ladungen		
	Gesamtsumme	% der Varianz	Kumulativ %	Gesamtsumme	% der Varianz	Kumulativ %
1	2,350	58,752	58,752	2,350	58,752	58,752
2	,768	19,203	77,955			
3	,479	11,965	89,920			
4	,403	10,080	100,000			

Extraktionsmethode: Analyse der Hauptkomponente.

Anzahl der Eigenwerte = 1 => 1 Faktor wird gebildet

Anteil der durch die Faktoren erklärten Varianz sollte > 50% sein

- **Ellenbogenkriterium** (Extraktion / Screeplot)
  (Finde den stärksten Knick im Screeplot, Faktorenzahl steht links davon)

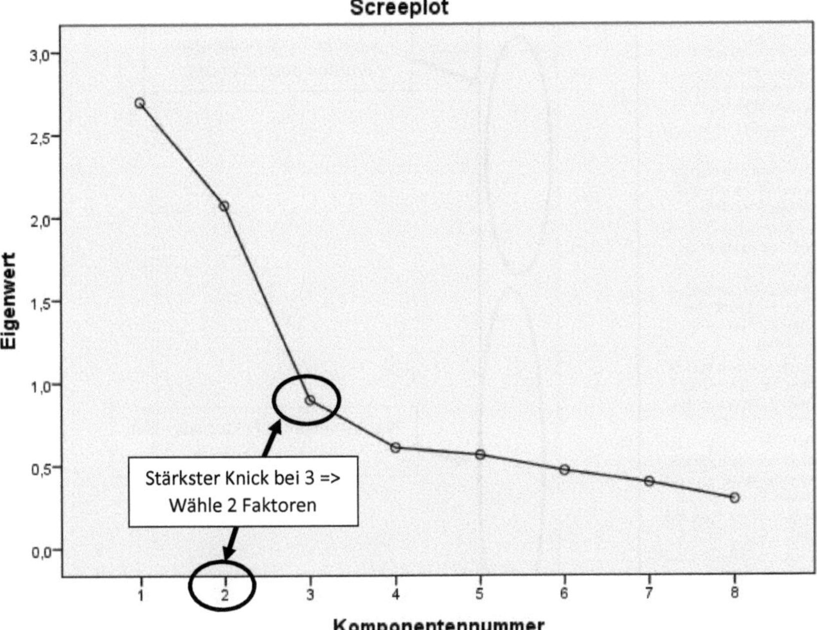

3) **Ausblenden kleiner Faktorladungen** (Optionen / Kleine Koeffizienten unterdrücken)
4) **Schätzen der Faktorladungen**

Komponentenmatrix[a]

	Komponente
	1
Wenn ich von einen neuen Kleidungsstil erfahre bin ich direkt daran interessiert ihn auszuprobieren.	,775
Ich liebe es Kleidung zu kaufen.	,789
Ich liebe es Kleidung von neuen Designern und Marken zu kaufen.	,725
Ich kenne neue Designer und Marken früher als andere.	,775

Extraktionsmethode: Analyse der Hauptkomponente.

a. 1 Komponenten extrahiert.

5) Rotation der Faktorladungen (Rotation / Varimax)

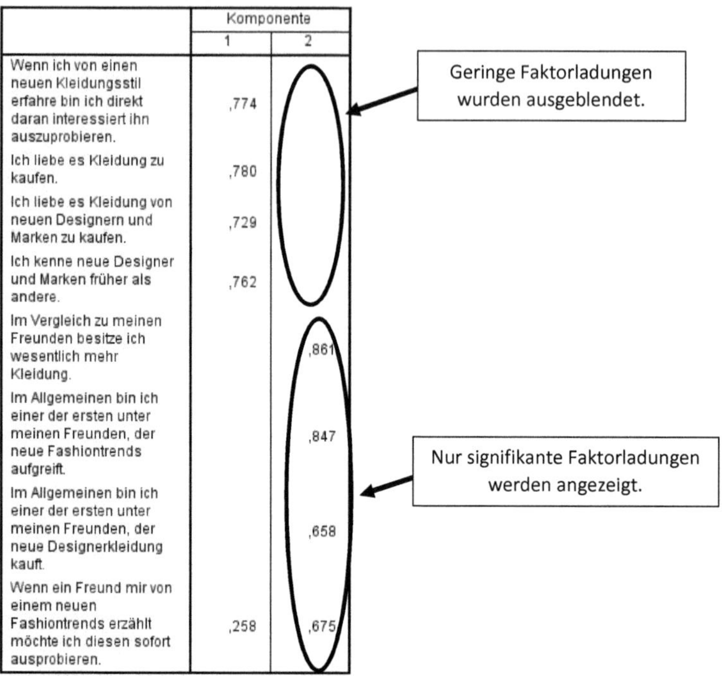

Rotierte Komponentenmatrix[a]

	Komponente	
	1	2
Wenn ich von einen neuen Kleidungsstil erfahre bin ich direkt daran interessiert ihn auszuprobieren.	,774	
Ich liebe es Kleidung zu kaufen.	,780	
Ich liebe es Kleidung von neuen Designern und Marken zu kaufen.	,729	
Ich kenne neue Designer und Marken früher als andere.	,762	
Im Vergleich zu meinen Freunden besitze ich wesentlich mehr Kleidung.		,861
Im Allgemeinen bin ich einer der ersten unter meinen Freunden, der neue Fashiontrends aufgreift.		,847
Im Allgemeinen bin ich einer der ersten unter meinen Freunden, der neue Designerkleidung kauft.		,658
Wenn ein Freund mir von einem neuen Fashiontrends erzählt möchte ich diesen sofort ausprobieren.	,258	,675

Extraktionsmethode: Analyse der Hauptkomponente.
Rotationsmethode: Varimax mit Kaiser-Normalisierung.

a. Rotation konvergierte in 3 Iterationen.

6) Faktoren speichern (Speichern)

7) Faktoren interpretieren

8) Faktoren graphisch darstellen (Rotation / Ladungsdiagramme)

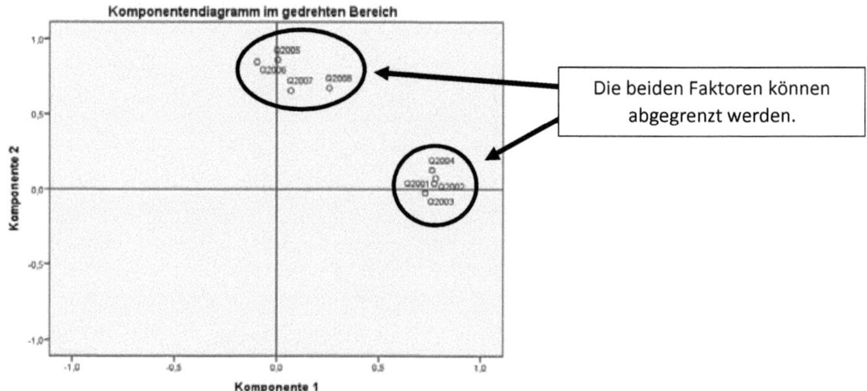

8 Multidimensionale Skalierung

Multidimensionale Skalierung **(Skala / Multidimensionale Skalierung (PROXSCAL))**

1) **Variablen standardisieren** (Maß / Standardisieren)
2) **Distanzen / Ähnlichkeiten berechnen** (Maß / Intervall)
   - Binär:
     - Jaccard Koeffizient
     - Simple Matching Koeffizient
   - Metrisch:
     - City-Block Metrik (Distanzen im Straßennetz)
     - Euklidische Distanz (Normales Distanzverständis)
     - Quadrierte euklidische Distanz (SPSS Standard)
     - Minkowski Metrik
     - Q-Korrelationskoeffizient (Ähnlichkeitsmaß)

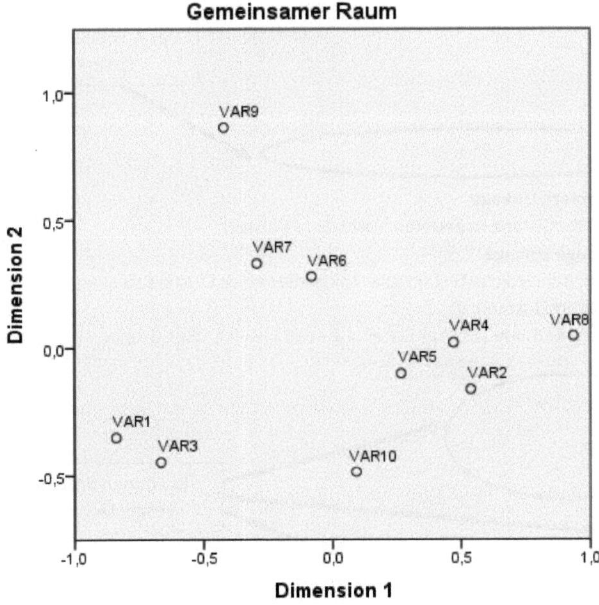

9 Clusteranalyse

1) **Variablen standardisieren** (Methode / Standardisieren)
2) **Distanzen / Ähnlichkeiten berechnen** (Methode / Intervall)
   - Binär (Details siehe MDS)
   - Metrisch (Details siehe MDS)
3) **Hierarchisch oder partitionierend**

Hierarchisch **(Klassifizieren / Hierarchische Cluster)**

1) **Was soll geclustert werden?** (Fälle oder Variablen)
2) **Art der Fusionierung** (Methode / Clustermethode)
   - **Single Linkage** (Gut zum herausarbeiten von Ausreißern geeignet)
     (Kleinste Distanz zu anderen Nachbarn / Cluster)

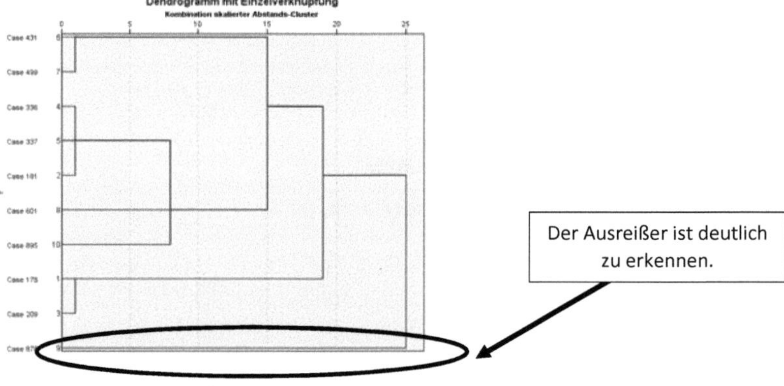

   - **Complete Linkage**
     (Größte Distanz zu anderen Nachbarn / Cluster)
   - **Average Linkage**
     (Durchschnittliche Distanz aller Mitglieder eines Clusters zu allen Mitgliedern eines anderen Clusters)
   - **Ward Methode** (Gut zur Erstellung etwa gleich großer Gruppen geeignet)

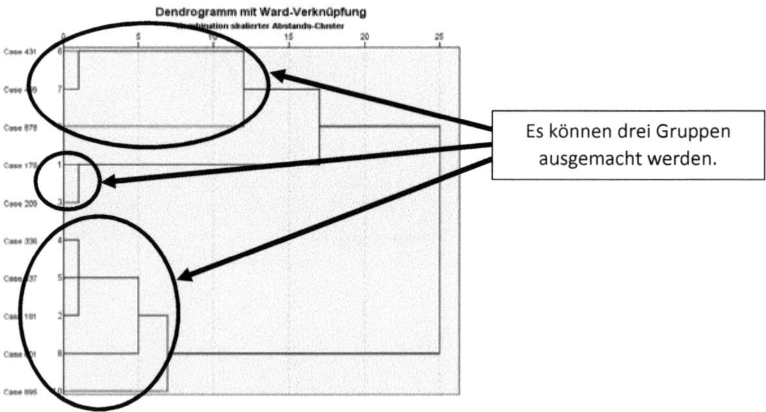

3) Ideale Clusteranzahl bestimmen

- **Dendrogramm** (Diagramme / Dendrogramm)
- **Agglomerationsstufen**
- **Koeffizienten** (Automatisch)

Zuordnungsübersicht

Stufe	Zusammengeführte Cluster		Koeffizienten	Erstes Vorkommen des Clusters		Nächster Schritt
	Cluster 1	Cluster 2		Cluster 1	Cluster 2	
1	6	7	,345	0	0	7
2	1	3	,690	0	0	8
3	4	5	1,060	0	0	4
4	2	4	1,538	0	3	5
5	2	8	2,528	4	0	6
6	2	10	3,714	5	0	9
7	6	9	5,625	1	0	8
8	1	6	8,178	2	7	9
9	1	2	11,894	8	6	0

Der relativ stärkste Anstieg ist von 3 auf 2 Cluster zu erkennen => Wähle 3 Cluster

4) Clusterzugehörigkeiten bestimmen (Statistiken / Einzelne Lösungen / Clusteranzahl)

Clusterzugehörigkeit

Fall	2-Cluster
1:Case 178	1
2:Case 181	2
3:Case 209	1
4:Case 336	2
5:Case 337	2
6:Case 431	1
7:Case 499	1
8:Case 601	2
9:Case 878	1
10:Case 895	2

Partitionierend **(Klassifizieren / K-Means Cluster)**

1) **Clusteranzahl festlegen**
2) **Clusterzentren einlesen oder dynamisch bestimmen**

Clusterzentren der endgültigen Lösung

	Cluster	
	1	2
Wenn ich von einen neuen Kleidungsstil erfahre bin ich direkt daran interessiert ihn auszuprobieren.	2	4
Ich liebe es Kleidung zu kaufen.	2	4
Ich liebe es Kleidung von neuen Designern und Marken zu kaufen.	3	5
Ich kenne neue Designer und Marken früher als andere.	4	4

3) **Clusterzugehörigkeiten bestimmen** (Optionen / Clusterzugehörigkeiten für jeden Fall)

Clusterzugehörigkeit

Fallnummer	Cluster	Distanz
178	1	2,030
181	2	,600
209	1	1,980
336	2	,748
337	2	,872
431	1	2,078
499	1	2,126
601	2	1,939
878	1	2,742
895	2	1,939

10 Conjoint Analyse

Erzeugen eines orthogonalen Designs (Daten / Orthogonales Design / Erzeugen)

1) Faktoren hinzufügen
2) Werteausprägungen festlegen
3) Anzahl der Fälle und Prüffälle festlegen (Optionen)
4) Design speichern (Datendatei / Neue Datendaten erstellen)

Anzeigen des Designs (Daten / Orthogonales Design / Anzeigen)

Kartenliste

	Karten-ID	Farbe	Automarke	Preis
1	1	silber	BMW	20000
2	2	schwarz	Audi	15000
3	3	silber	Audi	10000
4	4	schwarz	VW	20000
5	5	rot	Ford	20000
6	6	rot	Toyota	25000
7	7	rot	Ford	15000
8	8	rot	BMW	10000
9	9	silber	Toyota	10000
10	10	schwarz	Ford	10000
11	11	rot	Audi	20000
12	12	schwarz	BMW	25000
13	13	rot	Toyota	10000
14	14	rot	VW	10000
15	15	schwarz	Toyota	15000
16	16	rot	Audi	25000
17	17	schwarz	VW	25000
18	18	schwarz	BMW	10000
19	19	silber	VW	15000
20	20	rot	VW	10000
21	21	silber	Ford	25000
22	22	rot	BMW	15000
23	23	schwarz	Audi	10000
24	24	schwarz	Toyota	20000
25	25	schwarz	Ford	10000

Für diese Fälle sind jeweils Daten zu erheben.

Conjoint Analyse durchführen

1) Syntaxeditor öffnen
2) **CONJOINT PLAN='Pfad+Name der Designdatein.sav' /DATA='Pfad+Name der Datendatei.sav' /Datentyp=Variable1 TO VariableN**
   - **Datentyp:** SCORE — Variablen 1 bis n sind Bewertungsscores
     RANK — Variablen 1 bis n sind Rangordnungen
     SEQUENCE — Variablen 1 bis n enthalten die Präferenzreihenfolge

3) Nutzenwerte (Automatisch)

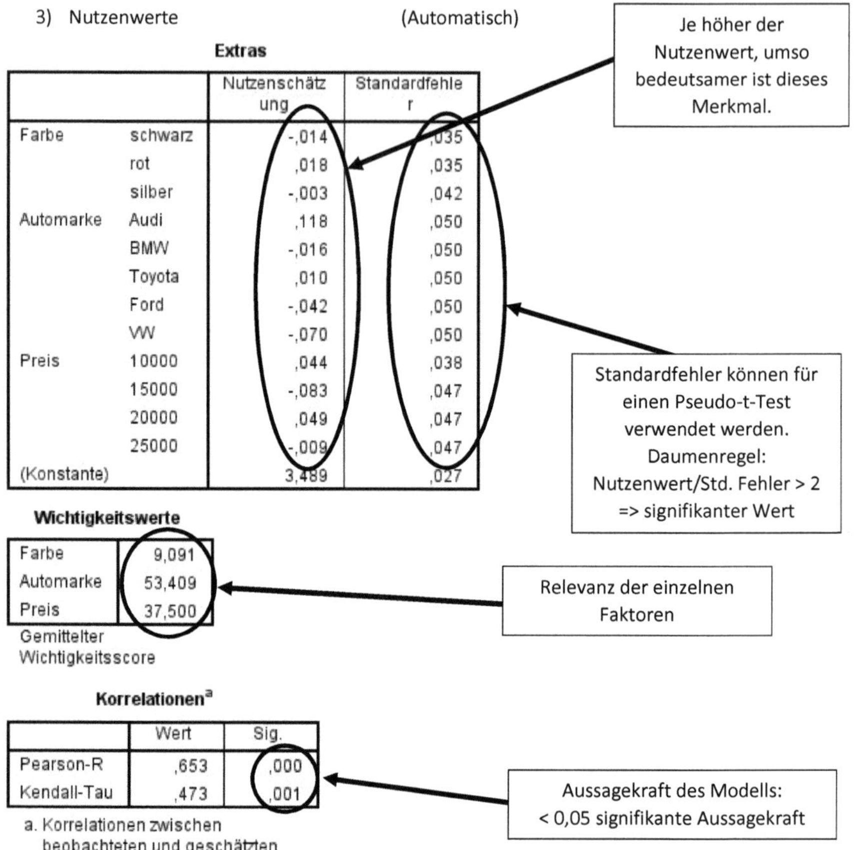

Extras

		Nutzenschätzung	Standardfehler
Farbe	schwarz	-,014	,035
	rot	,018	,035
	silber	-,003	,042
Automarke	Audi	,118	,050
	BMW	-,016	,050
	Toyota	,010	,050
	Ford	-,042	,050
	VW	-,070	,050
Preis	10000	,044	,038
	15000	-,083	,047
	20000	,049	,047
	25000	-,009	,047
(Konstante)		3,489	,027

Wichtigkeitswerte

Farbe	9,091
Automarke	53,409
Preis	37,500

Gemittelter Wichtigkeitsscore

Korrelationen[a]

	Wert	Sig.
Pearson-R	,653	,000
Kendall-Tau	,473	,001

a. Korrelationen zwischen beobachteten und geschätzten Präferenzen

11 Künstliche Neuronale Netze

Künstliche Neuronale Netze **(Neuronale Netze / Mehrschichtiges Perzeptron)**

1) Unabhängige Variablen auswählen (Kovariaten)
2) Größe von Lern- und Testset wählen (Partitionen / Partitionsdataset)
3) Struktur des Perzeptrons (Architektur)
4) Gewichte des Netzes ausgeben (Ausgabe / Netzstruktur / Synaptische Gewichtungen)
5) Relevanz der Faktoren schätzen (Ausgabe / Wichtigkeitsanalyse für unabh. Variablen)

Neuronales Netz und Kantengewichte:

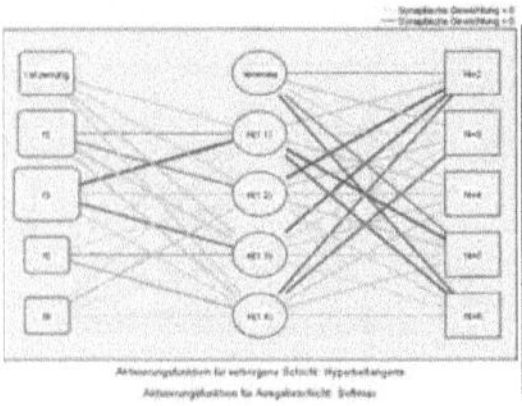

Parameterschätzer

Einflussvariable		Vorhergesagt								
		Verborgene Schicht 1				Ausgabeschicht				
		H(1:1)	H(1:2)	H(1:3)	H(1:4)	[f4=2]	[f4=3]	[f4=4]	[f4=5]	[f4=6]
Eingabeschicht	(Verzerrung)	1,342	1,246	1,876	1,331					
	f2	-,714	-,979	5,417	3,228					
	f3	-4,716	2,955	-1,588	1,242					
	f5	,088	,170	-,224	-,148					
	f8	,099	-,051	,060	,125					
Verborgene Schicht 1	(Verzerrung)					-,397	3,529	,520	-1,104	-1,688
	H(1:1)					2,443	,394	2,493	-3,331	-1,895
	H(1:2)					-4,223	-,033	2,816	1,937	1,237
	H(1:3)					-3,510	,805	1,251	,426	,337
	H(1:4)					-1,715	-1,840	1,543	1,655	1,001

Klassifikation

Beispiel	Beobachtet	Vorhergesagt					
		S	M	L	XL	XXL	Prozent korrekt
Training	S	40	7	0	0	0	85,1%
	M	5	42	3	1	0	82,4%
	L	0	3	28	5	0	77,8%
	XL	0	0	1	65	0	98,5%
	XXL	0	0	0	2	0	0,0%
	Prozent (insgesamt)	22,3%	25,7%	15,8%	36,1%	0,0%	86,6%
Test	S	17	4	1	0	0	77,3%
	M	2	14	1	1	0	77,8%
	L	0	2	17	2	0	81,0%
	XL	0	0	0	19	0	100,0%
	XXL	0	0	0	2	0	0,0%
	Prozent (insgesamt)	23,2%	24,4%	23,2%	29,3%	0,0%	81,7%

Abhängige Variable: Konfektionsgröße

Möglichst hoch und gleichmäßig verteilt

Wichtigkeit der unabhängigen Variablen

	Wichtigkeit	Normalisierte Wichtigkeit
Größe in cm	,363	62,4%
Gewicht in kg	,582	100,0%
Raucher	,029	4,9%
Zufriedenheit	,026	4,5%

Erklärungsgehalt der unabhängigen Variablen
Je höher umso relevanter

12 Entscheidungshilfe

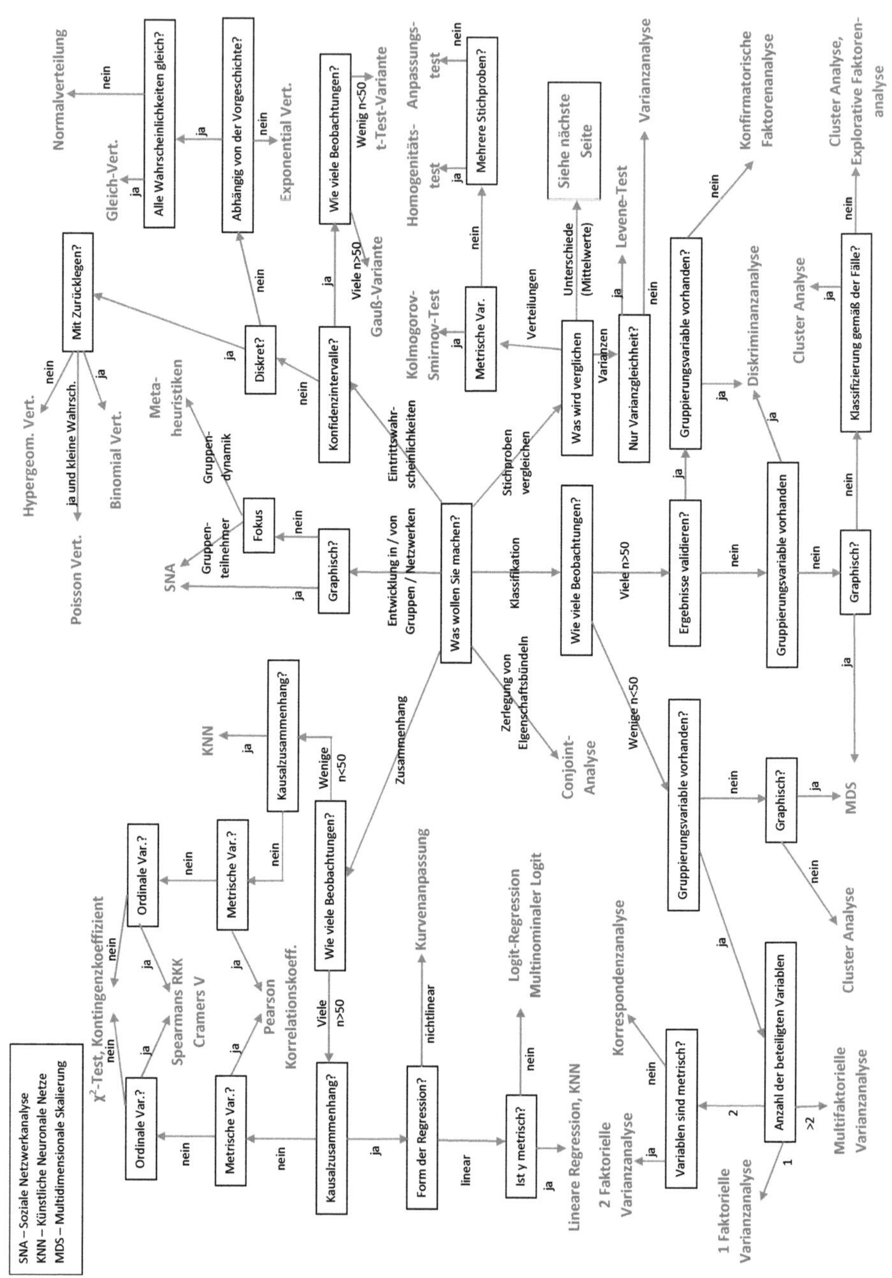

Vergleiche / Unterschiede (Mittelwerte)

Skalenniveau	**Stichproben**	**Variante**	**Test**
Nominal	1	Unabhängig / 1 Variable	Binomial- / χ^2- Test
		Abhängig / 2 Variablen	McNemar-Test
		Abhängig / > 2 Variablen	Cochran-Q-Test
	2		Homogen. - / χ^2- Test
	> 2		χ^2- Test
Ordinal	1	Abhängig / 2 Variablen	Wilcoxon- / VZ Test
		Abhängig / >2 Variablen	Kendall-W-Test
	2	Unabhängig	Whitney-U-Test
	> 2	Unabhängig	Kruskal-Wallis-H-Test
Metrisch	1	Varianz bekannt	Gauß-Test
		Varianz unbekannt	1 SP t-Test
		Abhängig / 2 Variablen	2 SP (abhängig) t-Test
	2	Unabhängig	2 SP (unabh.) t-Test
	> 2	Unabhängig / 1 Faktor	1 Faktorielle ANOVA
		Unabhängig / 2 Faktoren	2 Faktorielle ANOVA
		Abhängig	ANOVA mit Meßwiederholungen

13 Videoreferenzen

1 Grundlagen der Datenverwaltung	https://youtu.be/BPsO91Mig-E https://youtu.be/YwLI0faLrrY https://youtu.be/p-HXxD-5s0U https://youtu.be/5Cf1iTbiRgM https://youtu.be/xCobAbQCbWE
2 Deskriptive Statistik	
2.1 Univariate Maßzahlen	https://youtu.be/BI5RVLLWlbU https://youtu.be/aHzxUuojTlY
2.2 Kreuztabellen und Korrespondenzanalyse	https://youtu.be/loTXSg31mss https://youtu.be/mb8TmFTYmWg
2.3 Zusammenhangsmaße	https://youtu.be/LKTd11qJ6oM https://youtu.be/xdu10b1J4Hw https://youtu.be/dOxkT8D2ihl
3 Nichtparametrische Tests und Mittelwerttests	
3.1 Nichtparametrische Tests / Verteilungstests	https://youtu.be/yK44abu9Zll https://youtu.be/yW5xcTgwWcl https://youtu.be/XA6U1JMcjCc https://youtu.be/tBGuOunkOBA https://youtu.be/reQB_C99XGg https://youtu.be/YZay-YgbzUk https://youtu.be/poPMn4XRxCM https://youtu.be/1eqr18RD3M0 https://youtu.be/ZezyPWHM02M https://youtu.be/HYP_cZNXw8g https://youtu.be/bCcTxtHiOBM https://youtu.be/5Uyz3weiWgw https://youtu.be/glGAPoJLnJs https://youtu.be/il0O6_6jn2s https://youtu.be/mCp2x4zqD7Q
3.2 Mittelwerttests	https://youtu.be/su9Dk8VqEk8 https://youtu.be/ao4i_Ojc-Zg
4 Varianzanalyse	
4.1 Univariate Varianzanalyse – Einfaktoriell	https://youtu.be/zhOARqRb4X8
4.2 Univariate Varianzanalyse – Mehrfaktoriell	https://youtu.be/7y7ziRxJS1I
5 Regression und Prognose	https://youtu.be/Au-Z8ml-zVU
5.1 (Lineare) Regression	https://youtu.be/9Km4x4vaVoQ https://youtu.be/Cy4mVIGZ8uw
5.2 Zeitreihen	https://youtu.be/hPDyfu48ATM
6 Diskriminanzanalyse	https://youtu.be/foX9YD8zpYU
7 Explorative Faktorenanalyse	https://youtu.be/KUykSmCZofI
8 Multidimensionale Skalierung	https://youtu.be/v6HKbUlYadl
9 Clusteranalyse	https://youtu.be/ZeMkifMuJvU https://youtu.be/SoyjCp7lM3Q
10 Conjoint Analyse	https://youtu.be/mNyFmrk1kgc https://youtu.be/aRfAq6h5EtE
11 Künstliche Neuronale Netze	https://youtu.be/Wp6miyu7OFo

Youtube-Kanal: https://statistik.jens-perret.de